कोखं का क्रन्दन

दुर्गासिंह उदावत

ISBN 979-8-88629-003-5

अनुक्रमणिका

प्रस्तावना... 7

01. बाबा मैं भी आना चाहूँ................................. 9

02. क्यूँ ना तेरा प्यार बनूँ................................ 11

03. क्या तू नारी ना है?................................. 13

04. पाखंड... 15

05. जब मैं करूँ प्रतिरोध मुखर....................... 16

06. ओ प्राणों के रख वाले............................. 18

07. मुझे बचालो-मुझे बचालो........................... 20

08. देखो यूँ ना मारो................................. 22

09. जन्म से पहले नही मिटाना....................... 24

10. दिखा दो दुनिया के नजारे....................... 26

11. काहे को रोती हो................................. 28

12. क्षणिका... 30

13. बधाई हो बेटा है................................. 31

14. गर रही ना नारी................................. 33

15. मुझको काहे मारे................................. 35

<u>अनुक्रमणिका</u>

16.	पावन पुत्रि.. 37

17.	कैसा संस्कार 38

18.	माँ का प्रतिरोध 39

19.	बेटे से है नाम 41

20.	नन्ही जान मिटाई 42

21.	ना मारो यूँ कोख में 44

22.	कनक कणों का कहर........................ 45

23.	बिटिया काहे हेय,.............................. 47

24.	जन्म का फर्क 48

25.	दादी को आया ना चाव........................ 49

26.	बाबा की अफीम................................. 51

27.	बुआ क्यों करती फर्क........................ 53

28.	तुमसे बेहतर जानवर है...................... 54

29.	यूँ ना मारों ओ हत्यारों...................... 56

30.	मैं भारत की बेटी हूँ, मैं कोख में मारी जाती हूँ.....57

31.	आने दे मुझको अँगना 59

32.	मील का पत्थर है यें 61

33.	मैं भी आना चाहु जग में 63

34.	जो मैं भी पढ़ पाती 65

35.	कासे कहूँ मनवा की बात 67

36.	नारी झाँसी की रानी है 69

37. आज फिर बाबुल 70

38. चाहे दिलाना ना गहना सिंगार 72

39. क्यों दुर्गा को पूजा 73

40. जो जा पाती शाला में 74

41. बाबा ना ब्याहों 76

42. बेटा ही क्यों माँगा 77

43. समय 78

44. तेरा कर्म ही तेरे साथ 79

45. बेटियाँ मिले नाली में 81

46. कचरे में मिलती बेटिया 82

47. व्यंग्य 84

सारांश *87*

प्रस्तावना

भारत देश सात्विक प्रवृति का बाहुल्य लिये हुए अति संवेदनशील आचरणो वाला देश रहा है। यहाँ इंसान तो क्या पाहन प्रस्तुर जीव-जन्तुओं, गाय घोड़ो इत्यादि को भी ईश तुल्य सम्मान प्रदान किया गया है इसी भारत में नारी को देवी की संज्ञा दी गई, आध्यात्म के साक्ष्य भरें पड़े है वेद पुराणों में साफ दिखाई पड़ता है कि भारतीय संस्कृति में बिना शक्ति के शिव अधूरा रहा है, शक्ति देवी रूप में हर देवता के साथ रही, यही शक्ति, नारी रूप में नर के साथ आई, किन्तु विडम्बना भारतीय संस्कृति ने अपने मूल्यों सो इस कदर नाता तोड़ा कि, नारी की अहंता को ही नकारने लगा। यहाँ तक कि वैचारिक वीभत्सता को बढ़ते कदमों ने नारी की पहचान तक मिटाने के साधन निकाल लिये, माँ, बेटी, बहन, मित्र, पत्नी, सखी, गुरू इत्यादि की विभिन्न भूमिकाओं की एकल अभिनेत्री स्त्री को नकारने वाले पुरूष समाज ने उसकी छवि इस कदर बिगाड़ी की स्वयं नारी को ही नारी खारी जान पड़ने लगी।

आज स्वयं अपने हाथों से माँ ने अपनी कोख की बेटी का गला घोंटना स्वीकार लिया। प्रकृति व शक्ति नारी की साथी रूप है, शक्ति का विरोध करने पर पूर्ण प्रहार से उभरती है, समाज देख रहा है।

जितना मिटाना चाहा था, कलिख समझ इन्हें

दीवार पर ये हाशिये उतने स्याह हुए,

नारी ने अपनी क्षमता अपनी अहंता अपनी समता ममता आदि के ऐसे आयाम स्थापित किये कि आज भीतर ही भीतर पुरूष की रश्कगी कहीं थमती नजर, आ रही है, तो कही बढ़ती उसकी उन्नति उसकी सफलताओं ने जहाँ उसे महत्त्वपूर्ण स्थान दिलाया, वही विज्ञान ने उसे कोख में मिटाने के हथकंडो को देकर मानवता के क्रूर हाथों में दिव्यास्त्र दे दिया। आज के स्त्री पुरूष के आँकड़ो में देखा जाये तो स्त्री संख्या का ग्राफ गिर चुका है। यहाँ तक कि 100 पुरूषों पर 80 स्त्रियाँ ही दिखाई पड़ रही है। किन्तु फिर भी बेदर्द जालिम नन्हीं सी जान का गला घोटने में हया महसूस नहीं कर रहे है। मत मारों कोख में समाज के सभी वर्गो में एक ताड़ना स्वरूप है, लेखक का मन चीत्कार कर रहा है। उस नन्हीं जान हेतु जो अधखिली होने पर भी श्वासों के पूर्ण वयस्क होने से पहले ही नोच खसोंट कर मिटा दी जाती है, धिक्कार करता है उस वर्ग पर जो इस निर्मम कृत्य में सहयोगी होते है, लेखक ने उस नन्हीं जान के दर्द को, समझ कर बयान करने का एक क्षुद्र प्रयास किया है। इसे पढ़कर शायद कोई, मासूम कली के दर्द को समझ सके, उसे कुचलने से पहले उस पर बीतने वाले मंजर को महसूस कर सके व इस कुकृत्य से तौबा कर ले लेखक की चाहना है कि यह पुस्तक व्यक्ति-व्यक्ति तक पहुँचे और सभी एक जुट हो भ्रूण हत्या के खिलाफ होते आगाज को उसके दर्द को महसूस करके अंजाम तक पहुँचाये, कन्या बचाओं महायज्ञ में लेखक की इस नन्हीं आहुति से सुगंधित समिधा बने और नारी जीवन को महका दे, यही चाहना के साथ ये पुस्तक प्रस्तुत है।

- दुर्गासिंह उदावत

01

बाबा मैं भी आना चाहूँ

बाबा मैं भी आना चाहूँ सुन्दर सी इस दुनिया में

नेह प्रीत बरसाना चाहूँ अपनी प्यारी, दुनिया में

सपनों की बगिया में तितली बन के मैं मंडराऊँगी

तेरे अँगना कि चिड़ियां सी चहक चहक मैं जाऊँगी

ना माँगूगी खेल खिलौने, ना ही माँगूं पलंग बिछौने

धरती की गदिया पे बाबा अंबर ओढ़ सो जाऊँगी

शपथ मुझे है, पालोगे तुम सब सुख, अपनी मुनिया में

बाबा मैं भी आना चाहूँ सुन्दर सी इस दुनियां में।

हिंसा, कलह आंदोलन इनका भय ना होने पायेगा

मेरी ममता की छैया से हर कोना लहरायेगा

तेरे ख्वाबों से मैं बाबा सुंदर महल बनाऊँगी

तेरे सपने अपने दम पर पूरे कर दिखलाऊँगी

लक्ष्मी के स्त्रोत बहेंगे मेरी गज भर चुनिया में

बाबा मैं भी आना चाहूँ सुंदर सी इस दुनिया में।

माना जग में आज तलक भी मान न मेरा हो पाया

मेरी शक्ति क्या है अब तक ज्ञान यहाँ ना हो पाया

कदम-कदम पर जाँच हुआ करती है अब भी नारी की

किन्तु मेरी सफल शक्ति का भान यहाँ न हो पाया

9

सारें जग की प्रतिभा होगी मेरी इस पैझनियां में
बाबा मैं भी आना चाहूँ सुंदर सी इस दुनिया में।
कोयल सी जब कुहुक जाऊँगी सरस्वती सी गाऊँगी
शीतल अंखियों में नेह का अमृत भर बरसाऊँगी
बाबा बेटा क्या देखगा एक ही कुल तेरा कह तो
मैं तो तेरे नाम से रोशन दो जहाँन कर जाऊँगी
लाज शर्म और धैर्य बहेगा इन आँखों के पनिया में
बाबा में भी आना चाहुँ इस सुंदर सी दुनिया में।
अम्मा जन्म से पहले मुझ पर ना तुम अत्याचार करो
तेरा ही तो अंश का कतरा मुझसे भी तुम प्यार करो
तेरी चाहत का प्रतिफल हूँ, मुझको अंगीकार करो
मैं भी उसी खुदा की नेमत मुझे भी तुम स्वीकार करो
बन के कली महक जाऊँगी तुझ तरू की टहनिया में
बाबा में भी आना चाहूँ सुंदर सी इस दुनिया में।

क्यूँ ना तेरा प्यार बनूँ

क्या मेरा कुछ खर्च अलग है, जीवन का या अर्थ अलग है
मैं माँगू कुछ ज्यादा तुमसे, या फिर तुझ पर भार बनूँ
क्यूँ ना तेरा प्यार बनूँ मैं, क्यूँ ना तेरा प्यार बनूँ?
मैंने अपनी क्षमताओं के जलवे कई दिखाये है,
कदम-कदम पर परीक्षाओं के सफल तराने गाये है
धरनी सी जननी बन जाऊँ, हर घर का सिंगार बनूँ
क्यूँ ना तेरा प्यार बनूँ मैं, क्यूँ ना तेरा प्यार बनूँ?
जग में ममता क्षमता बन कर मेरा रूप बिखरता है
चंचलता व शोखी बन कर मेरा प्यार बरसता है
मेरी भी तो इच्छा है, मैं हर घर की पुकार बनूँ
क्यूँ ना तेरा प्यार बनूँ मैं, क्यूँ ना तेरा प्यार बनूँ?
ना मैं माँगू चाँद सितारे, ना ही माँगू महल चौबारे,
तेरे अँगना की गैया सी, छप्पर में भी करूँ गुजारे
घर भर में मैं नेह जगाऊँ, फिर क्यूँ तेरी खार बनूँ
क्यूँ ना तेरा प्यार बनूँ मैं, क्यूँ ना तेरा प्यार बनूँ?
बाबुल अम्मा सुनलो मैं भी इस जग में आना चाहूँ
बेटे सी बेटी बन तुझको हर सुख पहुँचाना चाहूँ
घर की जिम्मेदारी के संग-संग जग की नयी बहार बनूँ
क्यूँ ना तेरा प्यार बनूँ मैं, क्यूँ ना तेरा प्यार बनूँ?

करवट बदल, जमाना पलटा, बेटी भी अब घर का बेटा
फिर भी रोज कुचलते मुझको जाँच करायें चाहै बेटा
तुम भी पढ़े लिखे हो बाबा, फिर क्यूँ पृथक व्यवहार बनूँ
क्यूँ ना तेरा प्यार बनूँ मैं, क्यूँ ना तेरा प्यार बनूँ?

क्या तू नारी ना है?

अम्मा क्या तू नारी ना है, दादी सबकी प्यारी ना है,
फिर जग में आने की देती बोल क्यूँ मेरी बारी ना है।
बाबा तो चाहे है आऊँ, दादा भी चाहे मैं गाऊँ,
मेरी तोतली वाणी तुझको क्यूँ कर लगती प्यारी ना है।
अम्मा क्या तू नारी ना है, दादी सबकी प्यारी ना है॥
भय खाती है क्यूँ तू जग से, माँगती ना क्यूँ मुझको रब से,
बेटे की चाहत क्यूँ करती, तुझे बेटियाँ प्यारी ना है।
अम्मा क्या तू नारी ना है, दादी सबकी प्यारी ना है॥
दादी तुझको प्यारा पोता, क्या वो तेरा बोझा ढ़ोता?
हर पल पोते की चाहत में क्यूँ तू अब तक हारी ना है?
अम्मा क्या तू नारी ना है, दादी सबकी प्यारी ना है॥
बार-बार क्यूँ घोंटा तूने मेरा गला ही अम्मा कह तो,
लाल तेरा जो पैदा होता, चुभता हुआ काँटा भी सह तो।
अम्मा क्या तू नारी ना है, दादी सबकी प्यारी ना है॥
छलनी-छलनी औजारों से मुझे कराने जब तू जाती,
मेरे दर्द से आँखे तेरी गीली क्यूँ होने ना पाती।
अम्मा क्या तू नारी ना है, दादी सबकी प्यारी ना है॥

माना बेटा तेरा संबल, उससे सजता तेरा आँचल
ये तूने समझा कैसे की, बेटी इक फुलवारी ना है।
अम्मा क्या तू नारी ना है, दादी सबकी प्यारी ना है॥

तू भी नारी मैं भी नारी, फिर क्यूँ बनती मुझ पे भारी
क्यूँ ना आने देती जग में, माँ तू अत्याचारी ना है,
अम्मा क्या तू नारी ना है, दादी सबकी प्यारी ना है।
फिर जग में आने की देती बोल क्यूँ मेरी बारी ना है॥

04

पाखंड

मिलती ना है, पूजने को एक कन्या भी यहाँ

गौरी पूजन होने पर कन्याएँ पूजती थी जहाँ

आस्था के प्रस्तर बदले, स्वार्थों की रेत में,

अब ना किसी जनके को, मिलती है 'सीता' खेत में

सूनी-सूनी जिसके बिन है तीज की रौनक यहाँ

सूनी-सूनी सखियों की शान और शौकत यहाँ

पुरूष को पौरूष जो देती, होती वो है बेटियाँ

नारी की गरिमा जगत में, पुजती बनके शक्तियाँ॥

जन्मना जो चाहे धरती पर कहीं, नन्हीं कली

घांटती दिखती है जीवन का गला नंगी गली

नालियों में फैके कोई, झाड़ियों में डाल दे

कचरें में कर बोटियाँ फैंके, व जाँ निकाल दे

भय नहीं आता जमाने में खुदा से भी उसे

तरस न कर पाता है नन्हीं कली को देखके॥

मिलती चारों ओर कन्या भ्रूण की ही गुत्थियाँ

श्वानों से जाती घसीटीं नन्हियों की बोटियाँ

दिल नहीं दहलाती है ये दास्तानें अब कहीं

भ्रूण बेटी का मिले तो चौंकता कोई नहीं॥

जब मैं करूँ प्रतिरोध मुखर

क्या होगा इस जग का लोगों जब मैं करूँ प्रतिरोध मुखर,

क्या हो जब धरती भी ख्वाहिश कर ले बनने की अँबर,

होगा कहाँ आसरा सब का पैर ना रख पाओ भू पर

थल पर चलने वालों क्या फिर चल पाओगे अपने सर पर

लहराओगे हवा में ऐसे जैसे हो कोई तारा घर।

क्या होगा हर नदिया कर ले ख्वाहिश बनने की सागर

मीठे जल की चाह में भटकोगे फिर कैसे इधर-उधर

मीठी धारा पीने वालों पी लोगे खारा सागर

बूँद-बूँद मिठास के हेतु तड़प-तड़प जाओगे, मर।

मानो हर वनिता कह दे कि बनना चाहूँ मैं तरूवर

ऊँचे-ऊँचे वृक्षों पर फिर फल लागें ऊपर जाकर

धरती की सुंदरता जिससे लता रहे ना वो भू पर

श्री हीन सा बन जायेगा, ये सारा तेरा घर वर।

मार-मार कर कोख में नारी, खत्म हो गई नारी गर!

क्या जग को फिर बसा सकोगे, तुम एकल ही सारे नर?

मनु भी जो खुद ना कर पाया, शतरूपा के बिना यहाँ

बसा क्या पाओगे जग को तुम बिन नारी के ओ! नर वर

अपनी ही जड़ खोद-खोद कर क्यूँ खोखले होते हो
नारी तो है नीवं तुम्हारी जिस पर खड़े तुम होते हो।
ऐसे ही कुक्षि में उसको मार गिराते रहे अगर
इस जग में फिर फिरोगे लटके निरे त्रिशंकु ही बन कर।

ओ प्राणों के रख वाले

ओ प्राणों को रखने वाले, थू है, तेरे ज्ञान पर
मार रहा क्यूँ कोख में अपनी माँ को छोटा जान कर
चार किताबे पढ़ ली तूने औजारों से सीखा खेल
लगा चलाने हथियारों को और मिटाने जान 'भर'।
आह-आह मेरी श्वासों से जब निकल गुंजार करे
तेरे पापों का घड़ा भराये, उस पर उफ का वार करे
माँ बाबा से पैसे लेकर घाती बनता तू मेरा
कैसे भला फिर तुम पे कोई प्राणों का एतबार करे।
तू तो जीवन देने की ही कसमें खाता डिग्री ले
कैसे छीने मेरा जीवन बिना किसी शत्रुता के
मेरी नन्हीं जान के पीछे, पड़ते शर्म ना आये रे
प्रश्न यही मेरी आवाजें दवी-दवी सौ बार करे।
क्या तेरी माँ जिंदा ना है, ना बहिन ना बेटी है
मुझ पर हमला करने की आज्ञा कैसे देती है
मुझे मार कर धन लेता है, उससे फिर परिवार चले
वाह जीवन के दाता तेरे जुल्मों का व्यापार चले।
मेरी आहों के बिस्तर पर नींदे कैसे लेता है
मेरे रूदन की थाली में तू जीमण कैसे लेता है

मेरे लहु के छींटें उड़ते जब जब तेरी कार चले
तू तो सीना तान के चलता पीछे करूण पुकार चले।
जीवन देने की कसमों को मत रखना यूँ ताक पर
जीवन लेने बालों पर, ना तू अपनी हामी भर
मेरी तड़प को बतला सबको कि मुझको दुख होता है
मैं नन्ही सी जान हूँ लेकिन दर्द मुझे भी होता है।
शायद मुझको मारे ना फिर अम्मी बाबा जान कर
मेरी तड़प व मेरे दुख का तुझसे थोड़ा ज्ञान कर
किन्तु धन की खातिर तूने मूँदी अपनी आँखे है।
आत्मा को मार के अपनी लेता, झूठी सांसे है
मेरी चीखों के साये में जीता है तू जीवन भर
ओ प्राणों के रख वाले, थू है तेरे ज्ञान पर।

मुझे बचालो-मुझे बचालो

मुझे बचालो, मुझे बचालो

अंश तुम्हारा मुझे संभालो, माँ बाबा मैं रक्त तुम्हारा अपने
गले से मुझे लगा लो

कौन सा भय जो तुम्हे सताये, मुझसे इतना बैर कराये,

बेटी हूँ मैं नही हूँ नागिन जिसके विष से जग भय
खाये,

कौन धारणा रही है, जग में कन्या सब पर भारी है,

अभिशापों की ये जो गठरी कन्या ने ही धारी है।

पुत्र यहाँ क्यों लाल कहाये, पा, माँ जिसे निहाल कहाये

पुत्र प्रसविनी बनी ये सुनकर क्यूँ उस मुख पर रौनक
छाये,

ये क्या प्रथा है? कौनसी रीत है,

कैसी छवि हमारी है, क्या भारत की संस्कृति में नारी इतनी
खारी है?

संस्कारों को देने वाली, संस्कारों से हारी है,

इसका गला दबाने वाली खुद इसकी महतारी है।

कौन से सुख की आशा लेकर मेरा गला दबाते हो,

बाबा पुत्र की ख्वाहिश में जो मुझ पर तीर चलाते हो।

ये नश्तर मुझ तन पर लगते तेरे मन को क्यूँ ना चुभते
तुझ अंग का ही हिस्सा हूँ मुझ को ये अहसास करा लो
मुझे बचालो मुझे बचा लो, अंश तुम्हारा मुझे संभालो
माँ बाबा मैं रक्त तुम्हारा, अपने गले से मझे लगा लो।

देखो यूँ ना मारो

अम्मा देखो यू ना मारो बाबा बेरहमी ना धारो
चुभते है हथियार मुझे ये, इनको तन में नही उतारो,
सिर पर काँटे चुभते ही माँ चीख मेरी निकली जाती,
टाँगों की चीरा फाड़ी में हिचकी मेरी बंध जाती
मुझे मारने यम नही आता यम के दूत भी ना आये,
पालक जो मेरे बनने थे, मुझ संहारक बन आये
रोको अपना वहशीपन ये, कुछ सज्जनता तुम धारो
अम्मा देखो यूँ ना मारो बाबा बेरहमी ना धारो
इक-इक अंग जब कट कर बाहर, तेरे तन से आता है
खून के फव्वारों में दरद का इक गुबार दिखाता है
कुछ तो समझों मेरी तड़प को, मन की ममता मत मारो
अम्मा देखो यूँ ना मारो बाबा बेरहमी ना धारो।
उससे मेरा कुछ नाता ना जो हथियार चलाता है
बाबुल तेरा बीज हूँ मैं तो तू भी खुशी मनाता है
मेरे कतरे-कतरे देख के, गहरी साँसे ना धारो
अम्मा देखो यूँ ना मारो बाबा बेरहमी ना धारो।

टुकड़े-टुकड़े मेरी काया जब तश्तरी में जालिम लाया
बोझ तेरा उतरा यूँ कहकर तूने खुशी से सर को हिलाया
मैं तो हारी जीवन अपना पर बेटे से तुम हारो
अम्मा देखो यूँ ना मारो बाबा बेरहमी ना धारो।

जन्म से पहले नही मिटाना

चाहे दिल से नही लगाना, सीधे मुँह भी नही बुलाना,
मुझको आने देना जग में, जन्म से पहले नही मिटाना।
मेरी बाल सुलभता पर तुम ध्यान भले ना देना अम्मी,
बाबा चाहे समझा करना, हर तरह से मुझे निकम्मी
लहु तुम्हारा मैं भी बाबा बरछी ना मुझ पर चलवाना
मुझको आने देना जग में, जन्म से पहले नही मिटाना।
मत लाना तुम नये खिलौने, कोमल-कोमल नये बिछौने
फूलों की वेणी ना लाना नहीं दिलाना चाँदी सोने,
लोरी गा कर अम्मा मुझको चाहे नही सुलाना,
मुझको आने देना जग में, जन्म से पहले नही मिटाना।
अपनी अंक में जगह तुम रत्ती भर भी ना देना
मन चाही चीजें भी मेरी चाहे लाकर ना देना
किन्तु नफरत भरी नजरिया मुझको नही दिखाना
मुझको आने देना जग में, जन्म से पहले नही मिटाना।
ना माँगू मैं खेल खिलौने, नई गुड़िया के सपन सलोने
घर के कोने में ही मुझको चाहे तुम देना सोने
बस इक ही ख्वाहिश है बाबा मुझको भी तू पढ़ाना
मुझको आने देना जग में, जन्म से पहले नही मिटाना

पढ़ लिखकर अपनी मेहनत से भाग्य को मैं चमकाऊँगीं

नित नयी सफलताओं के मैं भी तराने गाऊँगीं

देखके मेरी सफल जिंदगी तुम भी खुशी मनाना

मुझको आने देना जग में, जन्म से पहले नही मिटाना।

मुझ पर तो अहसान ही होगा, जो मैं जग में आऊँगी

तेरी चाहत ना भी हूँ तो तेरी ही कहलाऊँगी

खुशी बढ़ेगी जाने जिस दिन मुझसे तुझे जमाना

मुझको आने देना जग में, जन्म से पहले नही मिटाना।

दिखा दो दुनिया के नज़ारे

छीनो ना मुझसे जीवन को अम्मी बाबा प्यारे, 'तुम'

मुझे दिखा दो इस दुनिया के नये-नये नज़ारे 'तुम'

मेरी भी ख्वाहिश है आऊँ इस धरती पर बन मुनिया,

खन-खन खनके कँगना मेरा छन-छन छनके पैझनियाँ

डग मग डग मग कदम बढ़ाऊँ बनना मेरे सहारे तुम

मुझे दिखा दो इस धरती के नये-नये नज़ारें तुम।

तोतली वाणी में श्लोको की सरगम में बरसाऊँगी

ठुमक-ठुमक कर तेरे अँगना मीठा शोर मचाऊँगी

देखोगे मुझसे हर दिन फिर, करतब प्यारे-प्यारे तुम

मुझे दिखा दो इस धरती के नये-नये नज़ारे तुम।

अम्मी तेरे पल्लु को मैं अपनी ढाल बनाऊँगी

बाबा तेरी छड़ी पकड़ कर मंज़िल तक पहुँचाऊँगी

वादा है पाओगे मुझसे हर दिन नये सहारे तुम

मुझे दिखा दो इस दुनिया के नये-नये नज़ारे तुम।

कलम दवात व पन्नों पर मैं इक इतिहास बनाऊँगी

बाबा तेरी बगिया को मैं फूलों सी महकाऊँगी

मेरे जीवन से पाओगे नयी-नयी बहारे तुम

मुझे दिखा दो इस दुनिया के नये-नये नज़ारे तुम।

देखो तुमको शपथ लहु की, मुझको कहीं मिटाना ना,
आ ही गई जो कोख में तेरी मुझको नही गिराना माँ
चाहे तुमको प्यारी ना मैं, मुझको बहुत हो प्यारे तुम,
मुझे दिखा दो इस दुनिया के नये-नये नजारे तुम।

11

काहे को रोती हो

पहले पहल तो खुश थी अम्मा, अब बोलो क्यूँ रोती हो,
मैं हूँ तेरी कोख में जानकर काहे धीरज खोती हो।
क्या कुछ अंतर दिखता तुझको मेरे कोख में आने पर
क्यों अब तू हर दम चुप रहती नये नये बहाने कर
बाबा को बतलाने से भी डरती है तू क्यूँ कह कर
कि नन्हीं मैं आने वाली हूँ जल्दी ही तेरे घर।

मुझको मार गिराने के तू, नित प्रयत्न है करती क्यूँ
अपनी कोख पे हाथ फिरा कर ठंडी आहैं भरती क्यूँ
तुमको कोई बीमारी ना है, फिर क्यू दवा घर जाती हो
हट जाऊँ मैं कुक्षि तेरी से नयी दवाएँ लाती क्यूँ
नई-नई विकिरण मुझ पर नन्ही पर हो क्यूँ बरसाती तुम
बार-बार मेरे अहम की पुष्टि को क्यूँ मिटाती तुम
हर पल क्यूँ तुम सुनना चाहो, कि मैं तेरी पुत्री नही
बेटे की चाहत ही, काहे हर दिन हो जताती तुम

अम्मा देखों तुम भी तो इक दिन यूँ ही बस आई थी
तूने भी तो अपनों से फिर यही हिकारत पाई थी,
याद करो, वों पिछले पलों को काहे उन्हे भुलाती तुम
बीत गया जो बुरा वक्त, अब काहे हो दोहराती तुम।

आने दो खुशियाँ मुझको तुम देखके अपनी आँखो में
मेरी छुअन का सुख पाओ, भर के मुझको निश्वाशों में
तब तुम पाओगी ना मुझमें और पुत्र में कोई अंतर
बल्कि मेरा स्पर्श रहेगा तेरे हित कही ज्यादा सुखकर
नन्हीं आँखों के ख्वाबों को काहे नही सजाती हो,
आने दो मुझको जग में माँ क्यूँ मिटाना चाहती हो?
क्यूँ मिटाना चाहती हो।

क्षणिका

वो,

दो जवान दिल मिले,

धड़कने मिली

नजरें मिली

दोनो खो गये,

दीवाने हो गये

बहक गये कदम

करीबियाँ बढ़ी

फासले घटे

परिणाम,

भ्रूण हत्या।

बधाई हो बेटा है

एक संध्या जब मैं क्लीनिक में गया

एक माँ ने मुझे दिखाया,

अपना उभरा हुआ उदर,

पूछने लगी चिकित्सक, बताओ?

कौन पल रहा है भीतर,

मैने तुरंत नर्स को बुलाया

सोनोग्राफी तक पहुँचाया

और स्वयं भी चला

जानकारी के लिये,

किन्तु बताने से पहले डब डबाने लगे,

मेरे नैनों के दीये, भीतर एक मासूम कली

अपनी अधपकी पलके झपका रही थी।

मुझे इशारों से ना कहने हेतु मना रही थी।

अधखिले अधरों से मानो बोले जा रही थी

नन्हीं-नन्हीं हथेलियां मिला रही थी

जैसे विनती किये जा रही थी

कि, कौन हूँ मैं, इन्हे बताना मत

और यदि बताओ, 'तो', काट के गिराना 'मत',

मेरी चंचलता को हो लेने दो जवाँ

बन जाने दो मुझे भी बहार की सबा

कि तुझसे मेरी कोई दुश्मनी नही,

और मेरी माँ के घर में भी कोई कमी नही

मैं भी इस दुनिया में आना चाहती हूँ।

अपनी माँ सा ही रूप पाना चाहती हूँ।

जरूरत है, सिर्फ तेरे सहारे की,

मैं लड़की हूँ, इस पर 'ना', के इशारे की,

जन्म ले के जो कभी तुम्हे मिल जाऊँगी

सारा जीवन सर को मैं झुकाऊँगीं

देखों अधखिली हूँ संभालों मुझे

जन्मना चाहती हूँ मैं भी, 'बचालो मुझे'

मैं खो गया, उसकी इन्हीं सच्ची बातों में,

आँखों से आँखों की मौन, मुलाकातों में।

तन्द्रा टूटी, तो नर्स रिपोर्ट दिखा रही थी।

कोख में लिये नन्ही, 'वो' औरत पूछे जा रही थी।

'बताइये', चिकित्सक मेरी कोख में क्या है?

यकायक मैं कह उठा, बधाई हो, लड़का है।

गर रही ना नारी

इक पहिये से कैसे बोलो चलेगी घर की गाड़ी
क्या होगा इस समाज का, गर रही ना नारी
पुत्र-पुत्र की आस में तूने पुत्री हरदम मारी,
बदलेगी तस्वीर प्रकृति की होगी वो प्रतिकारी
कोख में मारो, चाहे लेते जन्म ही मारो,
बेटे बेटी में अंतर कर जो हत्यारों
ये ही बेटा इक दिन तुमको दे के उलाह ने
बेटियों को कम करनें के देगा ताने,
इसकी कलाई होगी सूनी जब त्यौहारी
बिन नारी के होगी कैसे गृहस्थी सारी
योग्य घरों में होगी ना जो कन्याएँ तो
एकल पुत्र, करेगें क्या? 'महकी फुलवारी'
या तो व्याभिचार बढ़ेगा इस धरती पर
या फिर होगी रोज यहाँ पर मारा मारी
बिन साथी के जीवन जीना होगा मुश्किल
बिन नारी के मरेगा बेटा करके तिल-तिल

पछताओगें मिलकर सारे लोग दीवानों,

हाय, जन्म से पहलें काहै कोख में मारी

इक पहिये से कैसे बोलो चलेगी गाड़ी

क्या होगा इस समाज का, गर रही ना नारी

मुझको काहे मारे

काका के घर जन में बेटा, 'उसपे' नोट तू वारे

बाबुल तेरा अंश हूँ मैं भी मुझको काहे मारें,

उधर बजावे बैण्ड बधावें, आँगन उतरे तारे

मेरे जन्म पे अखियों में क्यूँ आँसू बहते खारे,

काकी इठलाती फिरती है फूली नही समाती।

मेरे जनम पर माँ, काहे तू झुकी झुकी सी जाती।

काका के घर खुशियाँ चमके दादी ले बलिहारे,

अपने आँगन करम जली की क्यूँ पड़ती दुतकारे,

काका की मूँछें तनती है दादा की बाँछें खिलती है

बेटे को जो निहारें, बाबा तेरी अखियों में क्यों मुझ हित है
तिस्कारे

वो भी जन्मा माँ के गर्भ से मैं भी यूँ ही आई

दर्द की पीढ़ा काकी से कम माँ तूने है पाई।

दाता ने तो भेद किया ना जनम में कोई हमारे

फिर भी तुमनें अपनाने में, रंग किये है न्यारे,

गोद में लेके बेटे को तू बाँहों में लहराये,

मैं मचलूँ तुझ ओर तो मुझको हेय दृष्टि दिखलाये

काकी का बेटा भी बाबा मेरा प्यारा भैया
मेरी राखी से ही सजेगीं, सूनी उसकी कलैया
दादा की बगिया इक गुलशन हम उसके गुलज़ारे
बाबुल तेरा अंश हूँ मैं भी मुझको काहे मारे,
    शहद का चम्मच उसे चटाये मुझको जहर सी खारे
    बाबुल तेरा अंश हूँ मैं भी मुझको काहे मारे।

पावन पुत्रि

गंगाजल से स्वर्ग पाने वालों,
गौ की सेवा से पुण्य कमानें वालों
मैं भी गंगा हूँ।
        गौ, स्वरूपा हूँ,
देवी की कन्या हूँ,
        मातृ स्वरूपा हूँ
पूजोगे नवरात्रि में
        हलवा खिलाओगें
        रात्रि में गला दबा कर
        नाली में फैंक आओगें।
क्यूंकि मैं कन्या हूँ?
सिर्फ कभी-कभी पूजी जाती हूँ

17

कैसा संस्कार

वो फूला नहीं समा रहा था
स्त्री का प्रसव निकट आ रहा था
नवरात्रि की राह में

पुर्णाहुती के थाह में
अच्छी खबर की चाह में
अपने ही अंगना में
शीतल जल से उनके चरण धुलवा रहा था।

उनके आगे नत मस्तक हुआ जा रहा था
तभी भीतर से कराहनें की आवाज आई।
दौड़ भाग कर दायी गई बुलाई
देर तक भागम-भाग

फिर एक ममता मयी शीतल श्वास
तत्पश्चात कुछ काना फूसी
देखते ही देखते भक्ति मय मुख्य मण्डल
बन गया पाषाणाकृति चाण्डाल

दायी को बुलाया कानों में फुस फुसाया
अगली सुबह हुई मालूमात,
मृत कन्या जन्मी थी पिछली रात।

18

माँ का प्रतिरोध

ठहरो,

ये क्या करने जा रहे हो
कन्याओं को भोजन
करवा रहे हो,
क्यों?

तुम्हे तो इनमें आसक्ति नही
अपनी माँ के प्रति कोई भक्ति नही

एक-एक कर 'कितनी बार'
मेरी ही, कुक्षि में घोंटवाया है
'कन्याओं' का गला
एक दिन खिलाने से क्या होगा,
तुम्हारा भला?

एक-एक कर पाँच मारी
फिर से छठी की है तैयारी
पता कन्या हुई तो मार गिराओगे
मेरी कोख पर अत्याचार कराओगे
'मत पूजो! इनको ये वही कन्याएँ है
इनमें मौजूद वही आत्माएँ है

जिनका तुमने गला दबाया था
जन्म से पहलें ही मार गिराया था।
      बंद कर ये दोहरा भाव
      झूठा-झूठा सा अपना स्वभाव
      कभी घबरा कर इन्हे मार गिराते हो,
      कभी घबरा कर इन्हे पूजने जाते हो।

बेटे से है नाम

बाबा मैं तेरी बेटी हूँ
तेरी इस फुलवारी में
आना चाहूँ तेरी बगिया, महकी इक किलकारी ले,
मेरे आने से होगी क्या? तेरी संपदा बाबा कम
क्या? मेरा कुछ भाग्य न होगा? करता है तू काहे गम
तु कहता है, बाबुल बेटा नाम रखेगा तेरा?
मेरे पैदा होने पर ना, वंश बढ़ेगा तेरा?
तू 'तो' सोचे बाबुल की मैं तुझ बोझ बनूँगी
ये ना जाने कि माथें का तेरे ओस बनूँगी।
आज दिशायें गूँज रही है, नारी की गरिमा से,
गली-गली गुंजारित है कन्याओं की महिमा से।
तू ना समझ क्यों सोच है कि बेटे से ही नाम
आज की बेटी बना चुकी है
जग में नये मुकाम,
बाबुल जग में नये मुकाम।

नन्ही जान मिटाई

एक सुबह जब चेहरे पर अलमस्त नूर लिये वह जागी

चमचमाती रश्मियों सा मुख चंद्र सी उजास लिये,

दिल मचल उठा नवांगतुक का अहसास लिये

बधाई, बधाई, बधाई

समय बीता एक घड़ी आई, सबने एक मत राय जताई।

चिकित्सक से सम्पर्क करो, भ्रण की जांच कराओ

मेहमान नवाजी हेतु तैयारी हो, सामान बताते जाओ

चिकित्सक ने अनहोनी के भय से, झूठी उम्मीद बधाई।

पुनः बधाई, बधाई, बधाई।

प्रसव की घड़ी आई, समय ने पलटी खाई

सच सबके सामनें आया अवाक समक्ष कन्या को पाया

बुजुर्गो तक फरमान पहुँचाया, किसी ने ना दी,

बधाई, बधाई, बधाई।

बोझ सर पर आया, सबका माथा चकराया,

पराये घर जायेगी, पिता का सर झुकायेगी

हाथा जोड़ी करवायेगी, पगड़ी नीची हो जायेगी

आदि मिथ्याभिमानो ने एक ही आवाज उठाई

तुरंत दो विदाई, विदाई, विदाई।

एक स्वर एक राग, मिथ्या पड़ा अनुराग

मुख पर भारी कपड़ा डाल, जान हलक से दी निकाल

आई नही रूलाई, अभिमान ने ली अगड़ाई,

नन्ही जान मिटाई, नही जान मिटाई, नन्ही जान मिटाई।

ना मारो यूँ कोख में

ना मारो यूँ कोख में अम्मा कहना मेरा मान

दस बेटे हो तेरे फिर भी बेटी रखे ध्यान

श्रवण से पुत्रों की खोज में भूला फिरे महान

बिटिया को तो कहै पराई बेटा अपना जान

हर पल बेटे की चाहत में, मन्नत निस दिन करती

आज के बेटों की माताएँ, घर में भूखी मरती

आँखों में आँसू है ढलकते सूजें रो-रो नैन

बेटों की अम्मा बढ़ भागिन फिर भी मिले ना चैन

जिस बेटी का गला दबाने की, की थी तैयारी

नैनों के अश्रुओं को चूमें आज वो गुड़िया प्यारी

कितने ही घर नित दिखते है बेटा होते रीते

इक बिटिया के संग में बाबुल होते मगर सभीते

अब भी भेदभाव यूँ कर करके, मुझे मारने हेतु

मत पीना कड़वे घूँटों को मेरी अम्मा है 'तू'

सौ बेटा से बढ़ कर दूँगी मैं 'इक' तुझे सहारा

धन्य समझना खुद को अम्मा जो मुझे कोख में ना मारा।

कनक कणों का कहर

कनक कणों की धरती पर मैने देखा इक मंजर

देख-देख दिल डूब चला, और छाती धँस गया खंजर

एक प्रसविनी मारे दरद के तड़प-तड़प सी जाती

हर्ष से सने हुए दरदों की घुंटी-घुंटी चीखें आती

धोरों की धरती पर दायी हार में बुला ली जाती

प्रसव हेतु तैयारी सारी वहीं पूर्ण हो जाती

मीठे दुख की नैया लेती यहाँ वहाँ हिचकोले

सबकी आँखें अपलक तकती नन्हा दीया कुछ बोले

हुआ प्रसव नन्हीं किलकारी मीठी सी जो आई

भवें तनी मर्दों की घर में नारी सब घबराई

फिर आँखों-आँखों में हो गए जालिमों के आसार

नन्हीं सोन चिरैया देखों करने चले शिकार

जिसका अंश था मूँह पर घूँघट ओढ़ लिया अम्मा ने

छाती पर रख पत्थर टुकड़ा दे दिया अपना माँ ने

बाबुल ने हद कर दी बाबुलपन की सारी रेखा

एक नजर भर कर भी नन्ही जाँ को ना है देखा

हेमकणी बालु की एक मुठिका भर के जो उठाई

हँसते-हँसते नन्ही जाँ के पास ले जा के सुँघाई
बिना चीख के साँस घुटी, पल भर की लगी नादरे
अभी-अभी जो कली खिली थी, क्षण में हो गई ढेर,
माँ तु आँखे ना फैर।

बिटिया काहै हेय,......

क्यों मुझको देखा जाता है वक्री दृष्टि से हरदम

चारों तरफ तो विखरा मेरी क्षमताओं का दम व खम

'बेटा', 'बेटा' दुनिया करती, खुशी होती जब लेता जन्म

हेय दृष्टि से देखे माँ को, जो देती बिटिया को जन्म

बड़ी बूढ़ियाँ घर की आके सांत्वना यूँ देती है

कोई खुशी बनी ना 'घर में' छा गया जैसे हो मातम

कभी-कभी तो पास पड़ौस की नारी खुद समझाती है,

कोख में मालूमात कराने के नुस्खे बतलाती है

इस पर आगे कहती है वो बिना लाज और बिना शरम

बेटी थी जो कोख में जाना, आया ना क्यों उसे गिराना

अनपढ़-अनपढ़ वही पड़ौसन वैद्यगिरी दिखलाती है

कोख में मुझे मिटाने हेतु दवा कई ले आती है

अपनी ही जाति को अपने ऊपर करते अत्याचार,

समझ नही आता है मुझको देख के उनका कपट व्यवहार।

मैं धरती पर आऊँ इसमें इनका क्या घट जायेगा,

बेटा यदि जो जन्मा भी तो उन्हे क्या देने जायेगा।

विडम्बना है, जन्म क्यों मेरे, बिन मेरे सृष्टि अपूर्ण,

नारी जो ना रही जग में तो नर न रहेगा रिक्त या शून्य?

24

जन्म का फर्क

महक रहा था घर और आँगन बाजे खुब बधावे।

ललना जनम सुने अँगना में आये खुब चढ़ावे।

बहक-बहक सी जाती अम्मा, करती उसे दुलार,

माथा लेती चूम लाल का, मोती देती वार,

बाबा मुँछे तानके फिरते दादी ले लश्कारे

झूम-झूम के खुशी मनायें, चाचा बुआ सारे

बाबुल ने भी खोले अपने अँगना के भण्डार।

ले ले के वो बलैयां उसकी धन-मन करे निसार

इससे उलट पास के अँगना भी किलकारी आई,

नन्ही कली खिली बगिया में फिर भी उदासी छाई।

अम्मा मुँह को ढाँप के रोती बाबुल क्यों गमगीन,

दादा सिर को ऐसे झुकाते जैसे को दीन।

दादी के तानों की हो रही लगातार बौछार

चाचा, बुआ यूँ सुस्त है बैंठे मानों हुआ उधार,

वारेंगे क्या दूध मुँही के ऊपर से कुछ अपना,

गला दबा कर नन्हीं जाँ को मारन को तैयार।

दादी को आया ना चाव

मेरी उपस्थिति का आभास

नहीं बना सुखद अहसास

सारे घर को लग गये घाव,

दादी को आया ना चाव।

बाबा ने ना तानी मुँछें,

बुआ, चाचा, माँ से पूछें,

आँखें तरेरें खायें ताव,

दादी को आया ना चाव।

सुनते ही वो घबरा गई,

बेटी सुन कर गश खा गई,

पड़ गये झूठे सारे ख्वाब

दादी को आया ना चाव।

मारो-मारों मत संभारों

आयी विपदा इससे तारों

बेटी जनम में ना है लाभ

दादी को आया ना चाव।

मेरी साँसें चली मिटाने

फिरी ढूँढती कई बहाने
माँ पर डाले कई दबाव,
दादी को आया ना चाव।
दादी को आया ना चाव॥

26

बाबा की अफीम

इक दिन माँ जो चकरा गई,

हल्का हल्का गश खा गई,

दिल की धड़कनें बढ़-बढ़ जाती

सांसे ऊपर चढ़-चढ़ जाती।

धीमे-धीमे हो उबकाई

मिचली-मिचली सी जो आई,

घर में मानों खुशी समाई।

मिलने लगी चहुँ ओर बधाई

रोशन हो गए कई चिराग

घर जो होगा गुलशन आज

और फिर इक दिन रात वो आई,

खिल खिला मैं जमीं पर आई।

सारी खुशियाँ हुई काफूर,

ख्वाहिशें सबकी चकना चूर।

ना तो बाजे ढ़ोल बधाई,

ना ही बाँटी गई मिठाई।

अपनों ने इक रस्म निभाई

कोख़ का क्रन्दन
____

बाबा ने अफीम भिजवाई
दादी ने ख़ुद मुझे चटाई
हलक में घुँट गई नई थी साँसें
मुख से कोई आवाज़ ना आई

बुआ क्यों करती फर्क

हरदम कुर्ता टोपी लाती, काहे फ्रॉक ना लाती है,
मेरे जन्म की चाहत बुआ क्यों तेरे दिल ना आती है।
एक भतीजा रब से माँगें, जब मंदिर में जाती है
बिटिया का अहसास भी करके क्यों उदास हो जाती है।
जब भी भेजे झुनझुना, गाड़ी, कभी ना भेजे गुड़िया साड़ी,
माँ की कोख में मेरा आगमन सुन के ही घबराती है।
भाई के घर बेटा जन्में गीत यही तू गाती है
बेटी का जो नाम कोई ले मुँह ना उसे लगाती है।
मैं जनमूँगी जो भाई घर, क्या तुझको ना दूँगी प्यार
फिर अजन्मी बच्ची से क्यों, तु हिकारत खाती है
हरदम कुर्ता टोपी लाती, काहे फ्रॉक ना लाती है
मेरे जन्म की चाहत बुआ क्यों तेरे मन ना आती है।

तुमसे बेहतर जानवर है

वो नाली में मुँह चला रहा था, गुर्रा-गुर्रा कर कुछ बता रहा था।

बहुत कोशिशें समझानें की उसने बनाई, किन्तु राहगीरां की
समझ में ना आई

आखिरकार नाली में मुँह डाला मांस का एक लोथड़ा निकाला

पकड़ा दांतो के बीच उसको अधर, दांत गढ़ जाने का उसको
था डर

धीमें-धीमें खींच कर चौराहै पर ले आया

इंसानियत का वीभत्स दृश्य दिखाया

एक नन्ही कली जो खिली थी हाल

पॉलिथीन की थैली में उसको डाल

दिल से व घर से अपने निकाल

कूड़े की नाली के किया हवाल

डालने वाले थे इंसान,

बने थें माता-पिता महान।

मार डालनें की पूरी की, थी तैयारी,

बंद थैली में श्वाँसे भी थी भारी।

किन्तु वह थी ठोस जान, बाकी रहे थें अब भी प्राण

वो जानवर था, उसे तरस आ रहा था,

वात्सल्य से उसे चाटे जा रहा था।

ठंडी पड़ती सांसों में गरमी ला रहा था,
झूठी मानवता की खिल्ली उड़ा रहा था,
हालांकि स्वयं का भी कोई चारा न था।
किन्तु निर्दोष कली का मुरझाना उसे गवारा ना था।
उसे गवारा ना था॥

यूँ ना मारों ओ हत्यारों

ओ हत्यारों यूँ ना मारो मुझे भी दर्द है होता,
नन्हीं जान को कत्ल हो करते, दिल काहे ना रोता।
मैया तेरी श्वाँस से मिल कर चलती मेरी श्वाँसें,
तेरे अहसासों के भीतर मैं लेती प्रश्वासें।
फिर भी मुझको चली मिटाने पीकर गरम तेजाब,
अपना ही अस्तित्व मिटाने का तू देखे ख्वाब।
क्या ऐसे ही मारती उसको गर मैं बेटा होता,
फिर तिल-तिल मरती मैं तो दर्द तुझे ना होता।
बाबुल तेरा-मेरा ना है, पहलें का कुछ बेर,
फिर काहे को मेरे जन्म पर पूछे ना तू खरे।
तेरा अंश ही मैं हूँ बाबा मुझको ना पहचाने,
गले लगानें की एवज में, चला है, 'गला दबाने।
ये निर्ममता देख-देख कर मेरा मन है रोता,
ओ हत्यारों यूँ ना मारो मुझे भी दर्द है होता।
मेरी नन्हीं श्वाँसे पूरी अभी तो हो ना पाई,
इन श्वांसों को दबा देने की युक्ति क्यों अपनाई।
मुझको जैसे मारनें हेतु दिल जल्लाद क्यों होता,
ओ हत्यारों यूँ ना मारों मुझे भी दर्द है होता।

30

मैं भारत की बेटी हूँ, मैं कोख में मारी जाती हूँ

अग्नि परीक्षा सीता जैसी कभी यहाँ मैं देती हूँ
उर्मिला जैसी होठ को सी कर पति वियोग में सहती हूँ।
जलती हूँ या तो सती होकर, या जला के मारी जाती हूँ,
मैं भारत की बेटी हूँ, कभी कोख में मारी जाती हूँ।

लाज शर्म के नाम पर कभी, परदों में गई धकेली मैं,
ना, तो फिरी स्वतंत्र कहीं ना, तले आसमाँ फैली मैं।
चुप रहने व गम सहने को मैं, पैदा की जाती है,
मैं भारत की बेटी हूँ, कभी कोख में मारी जाती हूँ।

कई-कई जन्मों से दुःख को झेल के मैंने कखट ली,
बदला जमाना सारा लेकिन ना हालत मेरी बदली,
ऊपर से खुशियाँ मैं बिखेरूँ, भीतर झुलसी जाती हूँ,
मैं भारत की बेटी हूँ, कभी कोख में मारी जाती हूँ।

मैंने अपनी क्षमताओं के नये पैमाने माप दिये,
अपनी ऊर्जा व शक्ति के कई प्रमाण है आप दिये।
पुरूषों की इस दुनिया में पर तुच्छ ही समझी जाती हूँ,
मैं भारत की बेटी हूँ, कभी कोख में नारी जाती हूँ।

इक्कीसवीं यूँ सदी है आई, उन्नति की बन परछाई,

ज्ञान और विज्ञान में भी है, मैंने इक पहचान बनाई।

चाहे मैं ले उड़ूँ तश्तरी पर घर में दबा दी जाती हूँ,

मैं भारत की बेटी हूँ, कभी कोख में नारी जाती हूँ।

चारों ओर मेरी क्षमता के शोर मचाये जाते है,

आज भी अम्मा-बाबुल मुझको गले लगा न पाते है।

मेरा जन्म इक चाहत ना है, नियति मानी जाती हूँ,

मैं भारत की बेटी हूँ, मैं कोख में मारी जाती हूँ।

31

आने दे मुझको अँगना

बाबुल तेरे अँगना में मैं नेह की जोत जलाऊँगी

आने दे मुझको अँगना 'तुझपे' बलिहारी जाऊँगी

बाबा ना तू रोज मशक्कत कर यूँ मुझे मिटाने की,

अम्मा सोचों ना तरकीबें मेरा गला दबाने की।

अपनी तुतलाती वाणी में आ के तुझे रिझाऊँगी,

आने दे मुझको अँगना 'तुझपे' बलिहारी जाऊँगी।

दादी तेरे आगे पीछे दिन रैना बहकूँगी मैं

बगिया में ज्यूँ कलियां महकें अँगना में महकूँगी मैं

धुंधली पड़ी हुई आँखों को, मैं रस्ता दिखलाऊँगी,

आने दे मुझको अँगना 'तुझपे' बलिहारी जाऊँगी।

दादा तेरी छड़ी सी तेरे साथ-साथ मैं डोलूँगी

चिड़िया सी चहकूँगी मैं कोयल सी मीठी बोलूँगी

सूना रहे ना तेरा बुढ़ापा, मैं तुझसे बतियाऊँगी,

आने दे मुझको अँगना 'तुझपे' बलिहारी जाऊँगी।

चाचा, बुआ को दौड़-दौड़ के मदद सभी पहुँचाऊँगी

खाली समय बिताने का मैं एक खेल बन जाऊँगी

ताली बजा-बजा कर चारों ओर जो नाच दिखाऊँगी

बाबा तेरे अँगना में मैं नेह की जोत जगाऊँगी

अब ना बाबा बेटा बेटी में अंतर है रहा यहां

बेटे भी जहाँ पहूँच ना पाये बेटी पहूँची वहाँ-वहाँ

धरती तो क्या, अम्बर की भी तुझको सैर कराऊँगी,

आने दे मुझको अँगना 'तुझपे' बलिहारी जाऊँगी।

विनती करती तुझसे ऐसे कोख में मारों ना अम्मा

देखना चाहुँ मैं भी जीवन मौत दिखाओं ना अम्मा

जब तक जिऊँगी इस धरती पर तेरा कर्ज चुकाऊँगी,

आने दे मुझको अँगना 'तुझपे' बलिहारी जाऊँगी।

मील का पत्थर है यें

नारी, नारी करो ना लोगों मील का पत्थर है ये
इसके बिना वीराना सब है, नारायण का घर है ये
कन्या जन्म पर रूदन की क्यों तस्वीर बनाते
पुत्र की ख्वाहिश को ही क्यों तकदीर बनाते
जो बदले तकदीर भाग्य की परवर है ये,
नारी, नारी करो ना लोगो मील का पत्थर है ये।

चूल्हा चौका, बर्तन भांडे जिसके बिना अधूरें
पकवानों के स्वाद भी लगते जिन हाथों से पूरें
कंकर पत्थर की दीवारे, किन्तु तुम्हारा घर है ये,
नारी, नारी करो ना लोगो मील का पत्थर है ये।

प्यार से पलने में ना झूली, इक दिन पलना खुद है झुलाने
खुद ने हिकारत भले है झेली पर ममता सब पर बरसाये
देवी की मूरत क्या कहिये, खुद बंदा परवर है ये,
नारी, नारी करो ना लोगो मील का पत्थर है ये।

चूल्है चौके से शुरू हुई, जो इसकी जीवन धारा
नापा अपनी बाँहो में इसने आकाश भी सारा
धरा पर जन्मी, असीम अंबर है ये,
नारी, नारी करो ना लोगो मील का पत्थर है ये।

आई है जो अंगना प्रेम से गले लगाओ
यूँ दुख से ना देखो, खुश होकर अपनाओ
पुत्री तो केवल तन से शत पुत्रो से बढ़कर है ये,
नारी, नारी करो ना लोगो मील का पत्थर है ये।

मैं भी आना चाहु जग में

बाबुल तेर जग में सुनती इक इंदिरा इक वसुंधरा,
मैं भी देखन चाहूँ जग को मुझ पर भी कर रहम जरा।
आ के तेरे जग में बाबुल मैं भी तेरा नाम करूँ
मर कर भी तू अमर रहेगा कोई ऐसा काम करूँ
मेरे आ जाने से होगा, तेरा आँगन हरा-भरा,
मैं भी देखन चाहूँ जग को मुझ पर भी कर रहम जरा।
बन कल्पना आसमान में कभी उड़ूँ तू देखेगा
दूर्वा जैसी नील गगन में मैं मचलूँ तू देखेगा
धरती तो धरती है बाबा कर दूँगी मैं गगन तेरा
मैं भी देखन चाहुं जग को मुझ पर भी कर रहम जरा।
चारों ओर साम्राज्य है मेरा आज तेरी इस धरती पर
अभिनय हेमा, मीना जैसा धूम मजा दे जगती पर
बन के लता सी सदा बिखेरूँ, मन मोहक नई स्वर सुरा,
मैं भी देखन चाहूँ जग को मुझ पर भी कर रहम जरा।
मंदिरा जैसी करूँ कमेंट्री अपनी मीठी वाणी में
माधुरी जैसी था, था थैया कभी दिखाऊँ रानी में
कभी संजीदा सावित्री सी कभी चपलता जरा-जरा,
मैं भी देखन चाहूँ जग को मुझ पर भी कर रहम जरा।

मैं जग में इतिहास बना कर रच दूँगी इक नया जहां
बनूँ विदूषी, गार्गी, मैत्रेयी या फिर जैसी विद्योतमा
करूँ सरोजनी, महादेवी की रचना जैसा सृजन खरा,
मैं भी देखन चाहूँ जग को मुझ पर भी कर रहम जरा।
आने दे, जो मुझे धरा पर, मान करेगा तू खुद पर
मैं जनमी तेरे अँगना, अहसान रहेगा ये मुझ पर
बाबा बेटा ग़र चाँदी तो बिटिया घट है स्वर्ण भरा,
मैं भी देखन चाहूँ जग को मुझ पर भी कर रहम जरा।

34

जो मैं भी पढ़ पाती

बाबा जो मैं भी पढ़ पाती

बनती तुझ सुख-दुःख की साथी

और कहीं सासर घर जाती,

तो भी तेरा मान बढ़ाती

नई चेतना हर दिन पाती

सुखी गृहस्थी अपनी बनाती

बाबा जो मैं भी पढ़ पाती।

अपनी गरीबी को भी मिटाती

पति के संग जो मैं भी कमाती

मेरे भूखे लाल ना होते,

उलझे-उलझे बाल ना होते,

दीन हीन ना होती अवस्था

खुद भी सजती, घर भी सजाती

बाबा जो मैं भी पढ़ पाती।

यूँ तो तेरा स्नेह बहुत था,

मुझ पर तेरा नेह बहुत था

एक दया जो और तू करता

मुझ को शाला भेजा करता

तो मैं तेरा मान बढ़ाती

ऊँची तेरी शान बढ़ाती

कहीं वसुंधरा-इंदिरा जैसी

सारे जग में मैं छा जाती

बाबा जो मैं भी पढ़ पाती।

35

कासे कहूँ मनवा की बात

आई जो नेहर में, हुई क्यों उदास
कासे कहूँ मोरे मनवा की बात।
    छोटा सा अँगना मोरे सासरिया का
    जिसमें होगे बैठे सजना निराश
    कासे कहूँ मोरे मनवा की बात।
जो मैं पढ़ी होती, लिखती ही पाती
शब्दां से ही मीठी भाषा बताती
बैरी भये बाबुल, पढ़ी ना किलास
कासे कहूँ मोरे मनवा की बात।
    प्रीतम पढ़े है, बहुत ही बड़े है
    साहब है ऑफिस के, मुझसे लड़े है
    समझ मोहे आती ना, बनूँ कैसे खास
    कासे कहूँ मोरे मनवा की बात।
साजन के मन में प्रीत भरी ना,
अनपढ़ को प्रीत की रीत सरी ना
चाहूँ जी जान से, जाऊँ कैसे पास,
कासे कहूँ मोरे मनवा की बात।

दिल के बहुत ही है, अच्छे सजनवा
प्रीत में भी है सच्चे सजनवा
मुझसे ही जाने क्यूँ भये है हताश,
कासे कहूँ मोरे मनवा की बात।
बाबुल दो आखर, जो मैं पढ़ जाती
लिखती सजनवा को प्रीत भरी पाती
उनको कराती में अपना अहसास
कासे कहूँ मोरे मनवा की बात।

36

नारी झाँसी की रानी है

वो कहते है क्षमताओं में उनका ना कोई सानी है
किन्तु नारी ही शक्ति है, ये बात सभी ने मानी है
मेरी क्षमताओं को छोटा, करती है मेरी अनपढ़ता
जो मुझे पढ़ा दे तू बाबुल, फिर देख यहाँ मेरी क्षमता
मैं वो क्षमता काँधे से जो चलूँ मिला अपना काँधा
नारी होने के बंधन में, जो नही मुझे तूने बांधा
मेरी ऊर्जा और शक्ति से मैं जग में कर दूँ संपन्नता
मेरा साहस है अमिट यहाँ जग में फैली मेरी ममता
जो साथ तू देगा ज़रा यहाँ मुझको आखर सिखलाने में,
मैं नही हटूँगी फिर पीछे साहित्यिक गंग बहाने में
मैं बनूँ उन्नति करूँ, प्रगति दिन-रात चलित स्वचालक सी
मेरी ममता को दे जो दिशा, ममता जो मेरे पालक की
कर्ॉव्र्य समझ कर तू अपना जो मेरा कन्यादान करे
तो उसी फर्ज के चलते ही, क्यों मुझ पर ना अहसान करे
कन्यादान की जगह ना क्यों पहले विद्या का दान करे
दो आखर की शक्ति दे, क्यों मेरा ना कल्याण करे
बाबुल जो मुझको दे विद्या, तो तू विद्या का दानी है
फिर मानेगी सारी दुनिया, नारी झाँसी की रानी है।

आज फिर बाबुल

आज फिर बाबुल मैने, दिल को मनाया

मन चाहा गहना ना, जब मैंने पाया

   दुःख तो दिया बाबा साजन ने मुझको

   दिल का ये दुःख लेकिन तूने दिलाया,

   आज फिर बाबुल मैने, दिल को मनाया।

दे दी जो होती मुझे आखर की शिक्षा

माँगनी पड़ती ना ही, घर में ही भिक्षा

मेरी चाहतों को मिटना ना पड़ता

जो कहीं होता मैंने धन ही कमाया

आज फिर बाबुल मैने, दिल को मनाया।

   गोदी बिठाया, पलना झुलाया

   बेटो से बढ़कर मुझको बताया

   फिर भी ना आखर का ज्ञान दिलाया

   बुद्धी का दीपक तो नहीं जलाया,

   आज फिर बाबुल मैने, दिल को मनाया।

सास, ननद व देरानी, जेठानी

मुझसे करत दिन-रात मनमानी

पल-पल जिया मेरा सबने जलाया,

मुझको हमेशा ही जाहिल बताया
आज फिर बाबुल मैने, दिल को मनाया।
दो आखर जो मैं पढ़ जाती
लिख-लिख पतियाँ तुझको बताती
पल-पल यहाँ कैसे मैंने बिताया
पिया घर कैसा बाबुल तुने दिलाया
आज फिर बाबुल मैने, दिल को मनाया।
तेरे तो गुण बाबुल दिन रैन गाऊँ
फिर भी मैं भीतर से सुख नहीं पाऊँ
सोच-सोच रात-दिन जिया को जलाऊँ
काहे तूने विद्या का ज्ञान ना कराया
आज फिर बाबुल मैने, दिल को मनाया।

चाहे दिलाना ना गहना सिंगार

चाहे दिलाना ना, गहना सिंगार
हमको, पढ़ा लो बाबुल आखर तुम चार
आस ना बाली, झुमका ना चाह
आखर बने मेरे जीवन की राह
सजना भले ना जानूँ, जानूँ व्यवहार
हमको पढ़ा लो आखर तुम चार।

चाहे रहे ना अखियाँ कजरारी
हो नाही चाहे होठो पे लाली
विद्या बने मेरा असली श्रृंगार
हमको पढ़ा लो आखर तुम चार।

नजरें उठे ना कुत्सित किसी की
इज्जत मिले इस, जहाँ में सभी की
सहना पड़े ना, समय का प्रहार
हमको पढ़ा लो आखर तुम चार।

क्यों दुर्गा को पूजा

बाबा क्यों दुर्गा को पूजो
क्योंकि वह बलशाली है
मैं काहे अबला कहलाती
इस पर दृष्टि डाली है।

बुद्धिमता और ज्ञान की
भंडारण कहलाती माँ
मुझको अज्ञानी रखता तू
क्या मैं तेरी थाती ना।

मेरा ज्ञान ही मेरी शक्ति बनके चमकेगा जग में
दुर्गा, काली, जगदम्बा का चमत्कार, होगा 'मुझ में'
तुझ पर वो प्रसन्न ही होगी, तू जिस दर का सवाली है
मैं काहे अबला कहलाती, इस पर दृष्टि डाली है।

तस्वीरों में पूजे उसको उसकी शक्ति करे बखान
साक्षात तेरे अँगना में मुझ पर तेरा गया न ध्यान
वैसे तो तू ज्ञानी बाबा फिर कैसा तुझमें अज्ञान
मैं ही इसका रूप हूँ, शक्ति बन सकती मेरी पहचान
खेल खिलौने भर-भर लाता, आखर से मन खाली है
मैं काहे अबला कहलाती, इस पर दृष्टि डाली है।

40

जो जा पाती शाला में

मैं तुझ तनया पितृ स्नेह का,

करती पल-पल अविरल गान

जो पा जाती शाला में जा

अमिट अनंत दो आखर 'ज्ञान'।

श्रृँगारित आभूषण मेरे, होते सुंदर कुछ अल्फास

मेरी गरिमा बन जाती फिर, मेरी लज्जा बनी जो आज

'नजर' झुका कर सब सह जाना, होता ना फिर मजबूरी

'बाबा' जो, आखर और मेरे बीच ना होती ये दूरी

सुनने को मैं बाध्य ना होती प्रिय गृह में कटु वाक्य कभी

मेरी क्षमताओं के आगे नमते मेरे स्वजन सभी।

मैं प्रबुद्ध बुद्धिशालीना रचती फिर साम्राज्य यहाँ

झूठन धोना, हर पल रोना बनता ना दुर्भाग्य यहाँ।

मैं बन कर अग्रणी जहाँ में देती जग को नई दिशा

बाबुल मुझ में ज्ञान जो होता भरता हरदम जिजीविषा

अनपढ़, अनपढ़ हरदम चाहूँ, जीवन का कब होगा अंत

किस मतलब से दुःख पाऊँगी, मैं जग में यूँ दिग, दिगन्त

जो आखर का ज्ञान कराकर, तू करता मेरा सम्मान
बाबा, तेरा गौरव बढ़ता, मेरा बढ़ता आत्मज्ञान।
दर-दर की ठोकर में रूलता ना फिर मेरा स्वाभिमान
जो पा जाती शाला में जा, अमिट अनंत दो आखर ज्ञान।

बाबा ना ब्याहों

बाबा ना ब्याहो, हमको विदेश
हमको करा दो, शाला प्रवेश
कुछ तो सुनलो व्यथा तुम हमारी,
ब्याह देना खाली, ना है जिम्मेदारी।
हमको बनाओ, जमाने में काबिल,
जीत सकें हम सासर घर का दिल।
भेजे खुशी का हर पल संदेश
हमको करा दो, शाला प्रवेश।

भैया को बाबुल खूब पढ़ाओ
हमको क्यों झूठा ही, लाड लड़ाओ
जो सच्चा चाहो तो हमें भी पढ़ाओ
जमानें के संग हमको, आगे बढ़ाओ
छोटी उमरिया में दो ना कलेश
हमको करा दो, शाला प्रवेश।

बिना कुछ सिखाये, भेजो घर पराये
दिल दरिया बन के, आँसू बहाये
सब दिन सबसे झिड़कियाँ खाये
याद दिलाये बाबा हर पल स्वदेश
हमको करा दो, शाला प्रवेश।

बेटा ही क्यों माँगा

दादी तूने हरदम माँ से बेटा ही क्यों माँगा?

बेटे की हो 'दुआ' तो देती देती, सबको तू मुँह माँगा

माँ के गर्भ में पलती मैंने जब-जब तुझको देखा

तेरे मस्तक पर रहती थी चिंताओं की रेखा

बस मालिक अब तो दे दे, मुझको प्यारा पोता

पोती की तो कामना से ही दिल है, मेरा रोता

मेरे घर में चार-चार थी, मुश्किल से है, ब्याही

अब तो कन्या हो, 'ना' घर में, 'दुआ' यही है, 'भाई'

भीतर गर्भ में बैठ के सुनती जब ये तेरी बाते,

माँ के संग में करती मेरी, चिंता में ही राते,

जब आऊँगी मैं धरणी पर

होगा हश्र क्या तेरा

क्या तू भी बेटा ना पाकर, घोटेगी घट मेरा।

समय

माली ने बगीचा से मांगा था फूल
करती क्या बगिया, हुई जैसे भूल
आई बहारों की शीतल हवा,
खिल गई उसपे नन्ही सबा,
माली ने आ के जो देखी कली
क्रोध से उसकी भवें थी तनी
बगिया को अपनी लगा कोसने
बालों को अपने लगा नोचने
कुचलने को जैसे कली को चला,
तभी गूँजी जैसे फिजां में 'सदा'
ना तोड़ माली, कली हूँ तो क्या,
समय दे मैं दुँगी कई गुल 'खिला'

44

तेरा कर्म ही तेरे साथ

क्या बोले 'बाबा-अम्मा', 'बेटा' ही 'वंश' चलायेगा,

होगा जग में तेरा नाम अमर, तेरा 'नाम' चलाता जायेगा

क्या खूब तेरी ये सोच है माँ

और बाबा, भी 'क्या' मान सके,

इतनी दुनिया देखी, फिर भी,

ये, सच्चाई ना जान सके,

कि, नाम करेगा ना बेटा, ना बेटी से होता नाम

नाम तो करता है बंदा, खुद करके जग में पृथक ही काम,

मैं तो जीवन का इक अंग हूँ

हरपल को तेरे नहीं संग हूँ

बेटा जितना ही जरूरी है बेटी जीवन की धूरी है

तेरे 'नाम' तो तेरे कर्म करे, फिर कैसा ये तू भरम करे,

वो देख सिकंदर वो पौरू, वो देख भगतसिंह, राजगुरू

तिलक, विवेकानन्द और राम, जग ने पहचाने इनके नाम

वो कृष्ण पुजे बनके भगवान, गाया जग ने गीता का ज्ञान

वो 'गुप्त, 'अज़ेय', और 'दिनकर', रचनाएँ लिखी थी चुन-चुन कर

रहीम, कबीर, और थे रैदास, औलाद नही थी उनकी 'प्यास'
खुद कर्मो का बुनकर ताना, सार्थक अपना जीवन माना,
बेटा-बेटी का फर्क नही, वो नेहरू को देखो तो सही
बेटी पैदा कर हर्षित था, खुद अपने आप में चर्चित था
तुम भी छोड़ो में छोटी सोच, कुछ जागो कुछ खोओ ना होश
युग-युग तक करेगा कर्म ही काम, औलाद वाले कई बे नाम,

45

बेटियाँ मिले नाली में

नन्ही कलियों सी-खिलती है,

वेमानी किसी डाली में,

इसीलियें मिलती है शायद, बेटियाँ पड़ी नाली में

कौन अभागे जनक है, जिनको,

नही जानकी प्यारी है

कौन हिमाचल ऐसा जिसको गौरी नहीं दुलारी है

माँ, मैंना हो या हो सुनैना, कोख एक सी दोनो की

बेटे की चाहत, बेटी की चाहत को करती फीकी

सतयुग में कन्या के जन्म को अहोभाग्य माना जाता

बेटी जिस घर पैदा होती तो, सौभाग्य जाना जाता।

आज कलह और कल के युग में,

फर्क पड़ा देखो कैसा, बेटी जन्में तो फिर घर

में हो जाता मातम जैसा

कैसा फर्क पड़ा है देखो, सोच-सोच के अंतर में,

प्रायश्चित ना होने पाये, पाप की किसी मनवंतर में।

माँ की ममता दुर्भाती हो, आज तो फर्क दिखाती है

बात पिता बाबा की छोड़ो उनको क्यूँ कर भाती है।

बेटो को दें मेवा मिष्ठा भर-भर चाँदी थाली में,

बेटियों को ताने भृकुटि रूखी रोटा गाली में।

कचरे में मिलती बेटिया

हाथ नचाती मुख मटकाती, तोतली वाणी से कह जाती,
जाने कितनी बतियाँ,

हुलस-हुलस कर गोद उठाती, एक टक उसको देखना चाहती
जग-जग सारी रतियाँ

उसके बोलों में सरगम सी बहती शारदा देवी

उसके बालों में चंदन सी, महकी-महकी सुरभि,

इक-इक हरकत गीता के श्लोको सी पथ दिखलाती

संभल-संभल जब पग वो धरती, रामायण सिखलाती,

चंचल हिरनी जब दौड़े वो, मेरे अँगना इधर-उधर

परियों की रानी लगती, ज्यों उड़ती उतरी हो भू पर

कभी निहारे भावमयी हो, शान्त धीर होकर ऐसे,

मानों भावों के सागर में बुद्धि देवी हो जैसे

छनन-छनन पायल जब बाजे, मंदिर की झालर जैसी,

खनक-खनक कर हँसती है, वो देव आरती के जैसी

मस्ती की उमंग में, जब खिलखिलायें दे, दे, ताली

धन्य-धन्य मैं देव को कहता, अपनी छवि जो दे डाली।

उसकी सरल चपलताओं को देख-देख मैं खो जाती

तन्द्रा में अपनी ही, फिरती, जैसे, कुछ पल सो जाती,

मेरी बगिया में कूकी जब नन्ही सी वो कोयलिया
घर-वर सारा उसने मानो, मंतर से हो मोह लिया,
उसकी पद धूलि से लगता मेरा आँगन स्वर्ग हुआ।
        मैं जननी हूँ, इस अवनि की खुद पर मुझको गर्व हुआ
पा के, जिसको धन्य हो, गई बेटी ऐसा गहना है,
फिर बेटी पैदा होती तो क्यों कर पड़ता सहना है।
ऐसा नही, कि मेरी बेटी जग से अलग निराली है
गर्भ में उसको मारने वालों का घर, सुख से खाली है
पावनता की प्रतिमा को जिसने नाली में रौंदा है,
पापी उसका घर वर सारा, नरक उसी का घरौंदा है।

व्यंग्य

बेटियाँ माँ बाप, का अंश नही है,
क्योंकि उससे चलता उनका वंश नही है,
वो तो जमीन पर हुई बे वक्त की बरसात है
या तो फिर अल्हड़ो में फैली बिसात है
उनको तो बराबरी का दर्जा दिया जाता है
बेटा पैदाइशी हक लेकर आता है
वाह रे दुनिया, तेरे रंग न्योर
निकम्मे हो चाहे लाल तुझे है प्यारे,
दिन भर चक्की सी चलती है बेटियाँ
उपेक्षा की आग में जलती है बेटियाँ
देख शर्म आती ना, कितनी नादान है
उपेक्षित करनें वालो पर ही मेहरबान है
क्योंकि बेटे खास है, आम है बेटियाँ
बेटा वजह जीने की, हराम है बेटियाँ।
बेटों की होती सौ-सौ मनुहार
बेटियों की झोली में आती है खार
जबकि ले लेती वो, कर्मा से प्यार,
फिर भी ना परिजन है करते इजहार

देख इस दुर्भात को हैरान है बेटियाँ
द्विघात से माँ बाप के परेशान है बेटियाँ।
बेटे जनके जननी होती भाग्यवाली
बेटियों की जननी खाती है गाली
बेटे के जन्म पर बजती है थाली
बेटी को जन्म पर मिलें गंदी नाली
बेटे तो खेलते है, जन-जन की बाहों में,
नालियों में गंदे घूँट पीती है बेटियाँ।
दिन रैन ऐसे मंजरों में जीती है बेटियाँ
घूँट अपमान के पीती है बेटियाँ।

सारांश

"कोख में क्रन्दन" समाज के सभी वर्गों में एक ताडना स्वरूप है, लेखक का मन चीत्कार कर रहा है। उस नन्हीं जान हेतु जो अधखिली होने पर भी श्वासों के पूर्ण वयस्क होने से पहले ही नोच खसोट कर मिटा दी जाती है, धिक्कार करता है उस वर्ग पर जो इस निर्मम कृत्य में सहयोगी होते है।

कन्या बचाओ महायज्ञ में लेखक की इस नन्हीं आहुति से सुगन्धित समिधा बने और नारी जीवन को महका दे, यही चाहना के साथ ये पुस्तक प्रस्तुत है।

www.ingramcontent.com/pod-product-compliance
Lightning Source LLC
Chambersburg PA
CBHW020457160726
47991CB00007B/2695